Golchi dillad

Bethan Clement

Canolfan
Peniarth

2

Rhaid golchi dillad.

Dyma'r dillad brwnt.

Rhaid sortio'r dillad.

Rhaid darllen y label.

Rhaid rhoi'r dillad golau yn y peiriant.

7

Rhaid rhoi'r sebon golchi yn y peiriant.

Rhaid dewis y rhaglen.

Rhaid dechrau'r peiriant.

10

Rhaid rhoi'r dillad glân yn y fasged.

Rhaid rhoi'r dillad tywyll yn y peiriant.

Rhaid rhoi'r sebon golchi yn y peiriant.

13

Rhaid dewis y rhaglen.

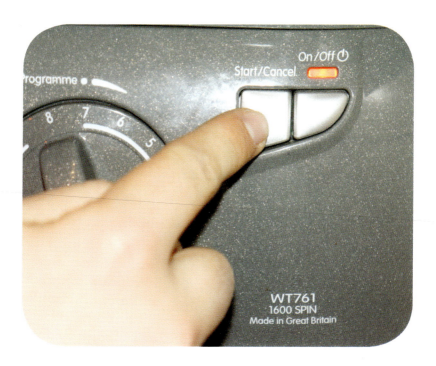

Rhaid dechrau'r peiriant.

15

Rhaid rhoi'r dillad golau ar y lein.

16

Rhaid rhoi'r dillad glân yn y fasged.

Rhaid rhoi'r dillad tywyll ar y lein.

Rhaid smwddio'r dillad.

19

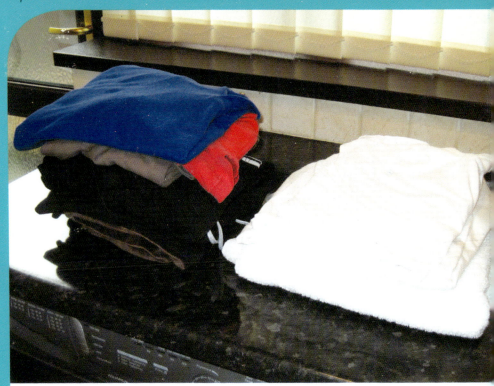

Rhaid plygu'r dillad.